Originalausgabe

Herstellung und Verlag: BoD – Books on Demand, Norderstedt
ISBN: 9783756812424

heidnische Aphorismen

Vor langer Zeit erwachte das spirituelle Bewusstsein in den ersten Menschen. Ihre Religiosität war natürlich, deshalb nennen wir diese Religion die Naturreligion. Synonym dazu sind die Wörter pagan und heidnisch entstanden.

Die Geschichtswissenschaft hat es eindeutig bewiesen: Das Heidentum war die erste Kultur der Menschheit. Leider wurde sie einst fast ausgelöscht. Für mehrere Jahrhunderte lang hat eine andere Religion das ganze Heidentum versucht auszulöschen. Heute wissen wir, dass sie damit nicht erfolgreich waren. Das Heidentum hat überlebt und es blickt endlich in eine neue und bessere Zukunft.

Heidnische Aphorismen drücken den Geist und das Herz des heidnischen Glaubens aus. Ob wir an die Schamanen in den Steppen oder die digitalen Hexen in den großen Metropolen denken. Sie alle verbindet eine Linie, die bis zum Anfang der Menschheit zurückgeht und die in diesem neuen Zeitalter weitergehen wird.

Frei ist das Heidenland,
Weil die Heiden
Die Freiheit erfanden.

Deine Ahnen
Sind wahre Pagane.
Deine Ahnen
Leben in deinen Venen.

Die Sonne ist ein Gott
Für die Sonnenanbeter.
In ihrem Namen streben
Sie nach dem Maximalen.

Tausend Tage.
Tausend Jahre.
Das Band heidnischer Ahnen.

Blind sind die
Menschen geworden;
Den natürlichen Ast zersägen sie,
Auf dem sie geboren.

Trommeln dröhnen,
Hörner tönen
Und die Wilden
Tanzen in Trance.

Wenn die Feuer brennen
Und Männer, Frauen und Kinder
Sich im Kreis vereinen,
Dann werden alte Geschichten erzählt.

Narren glauben,
Das Göttliche wäre in Büchern
Zu finden. Sucht es in der Natur und
Ihr werdet finden!

Seher sahen.
Völvas sprachen
Und Druiden lächelten.

Spirituelle Krieger
Stellen sich allen Feinden,
Besonders dem Feind
Ihrer eigenen Angst.

Der Sturm fegt übers Land
Und die Völva lacht:
Sie sieht ins ferne Morgenland.

In alter Zeit zogen sie
Aus ins Traumland
Und fanden heraus, wer
Sie wirklich sind.

Die Trommeln dröhnen
Und die Schamanen haben
Sich ihre Gesichter schwarz
Wie die Nacht gemalt.

Auch in den Städten
Leben die Geister der Natur.
Auf Sumpf und Wald gebaut,
Lebt der alte Spirit fort.

Magie ist
Die Macht der Harmonie
Der tiefen Sphären.

Eine alte Welt;
Älter als jedes Buch,
Die am Anfang alles Menschlichen stand:
Das ist das Heidentum.

Der Blick in die Natur
Ist der Blick
In dein wahres Wesen.

Wild wie die Wölfe
Heulen die Kinder des Nordens.
Laut wie die Löwen
Brüllen die Kinder des Südens.

Sie wollen Heiden werden,
Dann müssen sie zurück
Zum Anfang gehen.

Die Wurzeln der Bäume
Sind die Wurzeln
Unserer Kultur.

Spirituell sein,
Ist das Ziel vieler Städter.
Es ist möglich, aber nur
Wenn sie zur Natur zurückkehren.

Wilde Kreise
In der alten Weise
Der Heiden.

Ein Baum:
Magisches Wesen.
Heilige Stätte.

Größer als die Größten,
Danach streben
Odins Jünger.

Magie und Wunder
Warten auf alle,
Die mit dem Herzen sehen.

Glaubst du an die Götter
Der Natur? Falls du an ihnen zweifelst,
Dann weil du nicht an dich
Selbst glaubst.

Der Gott des Meeres.
Der Gott der Winde.
Götter bewegen dein Leben.

Ein Gott bläst das Horn,
Doch es ist nicht Heimdall.
Dieser Ruf gilt den Heiden der Erde,
Sich wieder zu vereinen.

Acht Millionen Kami
Schwirren durch Japan
Und lassen die Menschen lächeln.

Die Himmelsschlange der Maya
Warf einen Schatten.
Sonne und Mond tanzten
Am Göttlichen Himmel.

Schamanen verteilt
Über die ganze Welt,
Sind verbunden durch
Ihre Reisen ins Traumland.

Ein epischer Held
Stürmt mutig in die Schlacht,
Denn er weiß,
Odin führt seine Hand.

Der Geist der Wikinger
Trägt den Mut und den Willen,
Niemals zu zögern und
Alles zu geben.

In einem Hexenkessel
Kocht irgendwo ein Hexensüppchen
Mit geheimen Zutaten.

Der Grüne Mann
Erwartet dich im Wald.
Der Grüne Mann
Reinigt dein Wesen.

Über Berge, durch Wüsten
Und endlose Steppen wanderten
Die alten Heiden. Werden die neuen
Heiden die Sterne bereisen?

Die Kraft des Wolfes
Fließt in deine Beine.
Die Macht des Bären
Flutet deine Arme.

Am Feuer sitzend
Entsteht in dir das Bewusstsein
Der spirituellen Welt.

Mutter Natur ist
Eine Göttin.
Selbst die Sonne ist
Ein erschaffender Gott.

Betritt den Wald.
Lass los das Stadt-Ich
Und werde zu dir selbst.

Magische Wesen.
Geister. Dämonen
Und Götter warten auf dich.

Das Tor zur anderen Seite
Der Welt liegt mitten
In deinem Herzen.

Ein Horn ertönt.
Die Trommeln dröhnen.
Jeder wahre Heide weiß,
Was das bedeutet.

In der dunkelsten Nacht
Der Verfolgung durch die
Buchgläubigen ist das Band zu den
heidnischen Ahnen nicht zerrissen.

Wir stammen aus der Natur.
Wir gehen zur Natur zurück,
Wenn wir sterben. Deshalb sind
Wir Naturreligiöse.

Selbst zwischen den Wolkenkratzern
Spüre ich mein Wikingerherz.
Selbst in der U-Bahn bleibe ich
Verbunden mit der heiligen Natur.

Im Lagerfeuer erscheinen
Formen und Bilder und
Lassen dich einen Blick
In die Zukunft werfen.

Im Tanz des Schamanen
Webt die Magie
Der lebendigen Natur.

Hart schlägt der Schamane
Auf das Fell der Trommel.
Hoch sieht die Völva
In den Lauf der Sterne.

Der Ruf der wilden Wölfe
Klingt weniger furchterregend
Wie der Schrei der Berserker.

Wilde Weiden.
Alte Haine und eine Eiche,
Die die Welten vereint.

Am Feuer finden wir
Seit tausenden Generationen
Den Zugang zur
Spirituellen Dimension.

Wild tanzt
Der Krieger der Steppen
Mit den Geistern der Natur.

Nicht die Bürgerlichen
Auch nicht die Buchgläubigen waren
Zuerst da, sondern wir Heiden. Darum
Werden wir am längsten bleiben!

Hexen träumen
Von der Magie und
Sie leben, um ihre Träume
Wirklichkeit werden zu lassen.

Kleine Heidenkinder
Dürfen wieder leben,
Ohne dass Buchreligiöse
Ihr Leben bedrohen.

Hinter der Erscheinung
Dessen wie die Welt ist,
Liegt die wahre Welt.

Finde den alten Weg
Der Heiden und lass dich
In ein neues Leben leiten.

Über der Welt
Ist in der Welt
Und heiligt die Welt.

Wenn der Donner schlägt,
Thor uns ruft,
Mutig zu sein.

Auf allen bewohnten Kontinenten
Der Erde fanden sie
Die Spuren der alten Heiden,
Die dort zuerst siedelten.

Wir sind in einem neuen Äon,
Einer neuen Zeit und haben
Die Chance, die Welt pagan
Zu zaubern.

Die Wurzeln Yggdrasils
Sind der Grund
Vieler Welten.

Götter in
Allen Winkeln
Der Natur.

Winde und Ozeane
Rufen dich und
Warten, dass du in dein
Abenteuer stichst.

Träume sind Omen
Und Wege zu
Großen Visionen.

Die Namen der Götter
Stecken in Tagen und Monaten,
Aber stecken sie auch
In deinem Herzen?

Wir wagen uns erneut ins Licht,
Nachdem die Jahrhunderte
Des Paganozids beendet sind.

Bücher sind für Zweifler.
Wahre Gläubige finden
Alles in der Natur!

Höre den Klang der Natur.
Er führt dich
Zu deinen Wurzeln.

Wir leben ohne Grund,
Weil wir unsere
Heidnische Natur verleugnen.

Warum solltest du
Heide werden?
Aus demselben Grund
Warum du glücklich werden willst.

Die Sterne am Himmel
Sind Sonnengötter.
Wo immer sie sind,
Leuchten sie den Heiden.

Uralt,
Älter als die Zeit:
Urd.

Lauf bis ans Ende
Der Welt und sieh,
Wie Götter feiern.

Folge dem Weg,
Der älter ist
Als Buchreligion
Und Bürgertum.

Junge Heiden
Wollen feiern und
Sich obszön entblößen,
So wie es natürlich ist.

Grünes Gras.
Graue Berge.
Blauer Himmel.
Das pagane Zuhause.

Die grenzenlosen Berge
Bergen Geheimnisse
Seit endlosen Generationen.

Hoffnung auf was?
Auf die Kraft, die dir die
Natur in die Wiege gelegt hat.

Warte nicht auf
Den Ruf der Götter.
Verdiene dir ihre Aufmerksamkeit!

Bön, Asatru und Hindu
Sind alle Kinder
Derselben Erde.

Wunder geschehen
Tag für Tag.
Doch die Augen der
Menschen sind blind.

Wage den Sprung
Ins kalte Wasser.
Erwecke die Kraft der
Walküren in dir!

Höher und höher
Bis alle Höhe
Überhöht.

Dunkle Wälder.
Kleine Kinder.
Ein Hain der
Großen Wanderer.

Drachen und mystische Schlangen.
Götter mit Hämmern und
Göttinnen reiner Liebe.

Der alte Glaube
Wird der Neue sein und
Uns in die Zukunft führen.

Augen sehen nur das Materielle,
Aber die höheren Sphären liegen
Höher als alles irdische Leben.

Sphären, die sich öffnen
Auf dem Weg der
Spirituell Suchenden.

Es sind Trommeln,
Die deinen Puls mit
Den Göttern verbinden.

Ein Feuer allein im Wald.
Ein Mann und ein Weib,
Die trainieren wie in alter Zeit.

Fahr zur Hölle und
Ehre die Göttin Hel
Für ihren Dienst
An den Verstorbenen.

In tausend Himmeln
Warten tausende Abenteuer,
Aber es braucht nur
Deinen einen Mut.

An den Wurzeln
Des Lebensbaums
Ruht das Schicksal und
Wartet auf dich.

Die Macht der Göttin
Reicht weiter als die Macht jener,
Die an das Buch glauben.

Die Macht der Heiden
Strömt durch die Haine
Und die Hallen aller Städte.

Alt brennt dein Wunsch
Und du hebst deinen Kopf,
Weil du weißt, dass Götter
Mit dir sind.

Wahre Pfade für
Die wahren Helden
Zur wahren Göttlichkeit.

Das Band menschlicher
Familien begann pagan und
Es wird pagan weitergehen.

Tage des Donners.
Urige Macht.
Schläge des Gottes.

Die alte Göttin blickt
Über die Welt und schreit.
Sie wird erst schweigen,
Wenn alle Frauen befreit sind.

Blühende Heiden,
Endlose Weiden
Und heilige Haine.

Die Irminsul fiel,
Aber sie ist unvergessen
Und wir werden uns nehmen,
Was sie uns gestohlen.

Alte Siegel brechen.
Flüche verbrannter Hexen
Werden lebendig,
Denn die Magie ist zurück.

Auf dem Gipfel des
Höchsten Berges kannst du
Über die Welt sehen und
Fühlen, was Götter fühlen.

Die Ruinen alter Tempel
Erinnern uns daran,
Wie groß und alt die Welt
Der Heiden ist.

Dein Erbe, sowie das Erbe
Jedes Menschen ist
Das Naturreligiöse.

Die Fäden
Magischer Wesen weben
Das Weltgewebe.

Die materielle Welt.
Die spirituelle Welt
Und die höchste Welt.

Dort wo das Unterholz
Auf den Bach trifft, spielen
Unsichtbar für die Augen der
Städter die Feen und Fabelwesen.

Gute Heiden. Schlechte Heiden.
In den Heiden wachsen
Alle Arten Pflanzen, aber
Die Götter fordern Gerechtigkeit.

Wenn du Tage
Durch einsame Steppen ziehst,
Sei dir gewiss:
Spirituelle sehen dich.

Auch die Computer
Werden zu einem Pfad
Für heidnische Menschen,
Um ihre Götter zu sehen.

Wege ins Unterholz.
Begegnungen mit
Dem Grünen Mann.
Tanz des Gehörnten Gottes.

In allen Ecken der Welt
Findet ihr die Spuren
Der Naturreligionen.

Der Weg der Magie
Ist der Weg
Zu dir selbst.

Tapfere Männer und weise Frauen
Zogen einst um die Welt in Trecks
Und besiedelten die Erde. Geführt
Wurden sie von ihrem heidnischen Glauben.

Wage dich hinaus.
Zeig der ganzen Welt,
Wie heidnisch du bist.

Pagan sein,
Heißt zu akzeptieren,
Dass da mehr ist
Als die materielle Welt.

Hexen hexen
Auf den Blocksbergen
Und in den Herzen.

Dort wo das Leben,
Dort weben Götter
Und magische Wesen.

Magie erzielt
Heilende Harmonie
In der Bredouille.

Allein in den
Schneebedeckten Feldern
Gärt ein uriges Gefühl.

Weite Wälder.
Endlose Felder.
Berge, Seen und Sümpfe.
Dort wo wir begannen.

Verdiene dir deinen Namen
Mit nacktem Heldentum
Und höre, wie Götter deinen Namen
In den heiligen Hallen rufen.

In einer freien Welt
Darfst du wählen.
Welch bessere Wahl
Als freie Heidenwege?

Spirituelle Realisation
Ist der Lohn auf der Reise
Der Schamanen.

Freie Welt.
Freier Markt.
Freie Heiden.

Freie Männer der Heiden
Wollen feiern.
Freie Frauen der Heiden
Wollen tanzen.

In dir lebt eine
Alte Macht.
In dir ertönt der Ruf
Der alten Zeit.

Das reine Heidentum
Manifestiert sich im Bund
Der Familie.

Entzünde das Feuer
Der alten Zeit und
Lass dich von
Seiner Macht weihen.

Magie ist der Pfad
In eine Welt,
Die viel spannender ist.

An Göttinnen glauben
Zu dürfen, ist das Zeichen
Einer heilen Welt.

Könnte die Sonne weinen,
Würde sie weinen,
Weil wir Menschenkinder
Nicht mehr an ihre Göttlichkeit glauben.

Sonne, Mond und Sterne
Und eine heidnische Erde,
Auf der die Natur blüht.

Wir kämpfen heute
Für unser Recht,
Aber wir lassen uns
Vom Mut der Ahnen leiten.

Autos und Drohnen,
Auch Smartphones und Satelliten
Werden zu neuen Spielzeugen
Einer neuen Generation Heiden.

Was ist die Wahrheit des Heidentums?
Es ist die Wahrheit,
Dass wir lebendige Kinder
Einer selbstbewussten Natur sind.

Besser werden,
Um den Erben
Mehr zu vererben.

Ein Netz
Aus spirituellen Kristallen
Ist das Kleid der Maya.

Tarot ist heute digital.
Runen werden von Apps geworfen
Und Horoskope macht die KI.

Das Los des Schicksals
Wählt jene, die es am
Wenigsten erwarten.

Wenn wir uns wirklich
Spirituell mit der Natur verbinden
Und in ihre Geheimnisse eindringen,
Werden wir alle Antworten finden.

Germanen und Slawen
Verbindet mehr, als sie trennt,
Selbst mit Kelten und Romanen
Gibt es tausende Verbindungen.

Gründe sind die Quelle
Für Kraft und Energie.
Welcher Grund ist tiefer
Als das Heidentum?

Endlose Weiten
Spirituellen Bewusstseins
Und mystische Tiefen.

Ein Kind geboren
Und auserkoren
Von den drei Schicksalsnornen.

Natur pur.
Uralte Urgewalt.
Endloser Wald.

Nicht in der Vergangenheit
Liegt die Zukunft
Der Heiden.

Die Natur wird heilen,
Wenn wir uns
Mit ihr vereinen.

Weihnachten wurde uns
Heiden gestohlen und
So viel mehr.

Die Natur kann
Eure Batterien besser aufladen
Als alles TV und jede App!

Allein in die Tiefe
Des Spirituellen tauchen,
Um das Geheimnis zu schauen.

Worte sind wahr und
Doch ist die höchste
Spirituelle Weite größer
Als alle Worte.

Geheimnisse liegen
Verborgen und warten
Auf dich, sie zu entdecken.

Das Röhren des Hirschs
Und das Brüllen des Löwen
Ist wie der Schrei der Heiden.

Im Kampf ums Überleben
Zählt nichts außer
Dem heiligen Bund.

Das Heidentum stand am Anfang
Der Menschheit und es ist die Basis,
Auf der sich alle Menschen
Vereinigen können.

Der Glaube ans Buch hat
Die Naturreligiösen von der Erde gefegt,
Aber das Zeitalter der Bücher ist vorbei.

Nur wenn du eine starke Wurzel hast,
Können deine Äste bis in
Den Himmel wachsen.

Bäume wachsen,
Aber es gibt keinen Baum,
Der nicht spirituell mit dem
Baum Yggdrasil verbunden ist.

Zwei Raben. Zwei Wölfe.
Ein Ross und ein Speer.
Symbole des Einäugigen.
Achte auf die Zeichen!

Fern lebten sie vom Rest der Welt
Die ersten Menschen in Land Unter,
Die wussten, wie diese Welt und die
Welt der Träume verschmelzen.

Sei eins mit dem Mysterium.
Verschmelze mit der
Grenzenlosen Weltseele.

Sieh zum Himmel
Und fühle wie Menschen
Vor und in einer Million Jahre
Zum Himmel sehen.

Die Verbindung mit den Ahnen
Übergibt jedem Wahren
Die Pflicht, das Erbe in
Die Zukunft zu tragen.

Odins Halle
Ist der Traum
Nordischer Männlichkeit.

Im Glaube der Heiden
Lässt sich der
Ehebund weihen.

Erhebe dich
Und sprich,
Wie die Natur
Dich fühlen lässt.

Kinder tragen
Den Samen
Der Magie.

Göttinnen und Walküren
Küren junge Frauen
Und erheben sie.

In der Natur findest
Du mehr als nur schöne Momente.
Du findest den Weg
Zu spirituellem Glück.

Überall auf der Welt
Existieren noch die Pfade
Der alten Heiden und sind bereit,
In die Zukunft zu schreiten.

Ein neues Äon,
In dem das alte Heidentum
Erneut zur Spitze drängt.

Verkleidet wandert Odin
Durch die Welt.
Er wird auch zu dir kommen.

Auch in den Städten
Lebt die Magie.
Die Wolkenkratzer
Sind riesige Zauberstäbe.

Zu den Sternen
Fliegt die kommende Menschheit,
Um mehr Wunder der
Naturgötter zu erleben.

Gefahr lauert überall.
Die Götter nehmen sie nicht fort,
Aber sie stärken dich,
Um zu triumphieren.

Fehlt dir der Kompass
In deinem Leben?
Dann wähle die
Drei Nornen!

Drei Schwestern der Zeit
Sind zu dir gereist
Und zeigen dir den Weg,
Eine Legende zu werden.

Grün ist die Hoffnung
Der Naturreligiösen,
Denn verbunden sind sie
Mit ihren Wurzeln.

Tränen der Sonne
Wegen des verbrannten Fleisches
Ihrer Hexenschwestern.

Wie ein Falke kreise.
Wie ein Wolf heule
Und führe die Pranke wie ein Bär.

Die weiten Steppen
Bergen die Quellen
Unserer Kultur.

An das Heidentum
Zu glauben, heißt,
An deine wahre
Natur zu glauben.

Lebe im Einklang
Mit der Magie
Von Mutter Natur.

Sie rufen deinen Namen
In den Hallen der Gefallenen.
Verdiene dir deinen Platz mit
Blankem Heldentum.

Glaube zuerst an die Macht,
Die das Schicksal dir
In die Wiege gelegt hat.

Geh und verbring
Stunden in der Natur
Und du wirst automatisch
Naturreligiös werden.

Nimmermehr;
Sprechen die Paganen,
Werden wir zulassen,
Dass sie das Pagane verbieten!

Urgewaltige Vulkane
Lässt Vulcanus brodeln,
Wenn die Menschen
Ihn erzürnen.

Essen und Trank
Zum Dank und zur Ehr
Für alle Fruchtbarkeitsgötter.

Gestern, Morgen
Und Heute sind Symbole
Der drei Schicksalsschwestern.

Der Ruf der neuen Zeit
Macht das
Heidenvolk reich.

Suche im Alten
Nach dem Paganen,
Aber begreife, es
Liegt auch im Morgenland.

Was deine Ahnen wollen,
Ist, dass du ihr Erbe
Mit Ehre fortführst.

Der Falke kreist
Am Himmel.
Der Krieger
Wartet auf seine Chance.

Schwimm aufs
Offene Meer.
Begib dich ganz in die Hand
Der Urgewalten.

Trommel,
Als ob es kein Morgen gibt.
Lass die Welt vom Dröhnen
Deiner Trommelschläge zittern.

Am Himmel scheint
Seit dem Anbeginn
Der Menschheit die
Göttliche Sonne.

Mond und Sonne
Vollführen ihren Tanz
Bis ans Ende
Des Heidenlands.

Verborgen in den Zeiten
Des Paganozids beteten
Die Naturreligiösen um
Diese bessere Zeit.

Opfere dich
Für jene, die dir
Wahrhaft am Herzen liegen.

Offene Weite
Im Geiste
Der Schamanen.

Hexen lachen verrückt,
Denn sie wissen um die Mächte,
Die wahrhaft wirklich sind.

Männer suchen Vorbilder
Und finden sie in den Heidengöttern.
Frauen suchen spirituelle Schwestern
In den heidnischen Göttinnen.

Fange deinen Schatten.
Spring in den Spiegel.
Erfahre das große Mysterium.

Zwischen den Bergen
Und unter nackten Himmeln
Finden wir etwas,
Das wahr ist.

Vergiss, was sie einst opferten.
Opfer deinen Schweiß, deine Zeit
Und die Kraft deines Herzens und
Die Götter werden dich unterstützen.

Schritte im Sand vergehen
Und doch sind sie nicht
Ungeschehen und werden
In deinen Erben weiterleben.

Die Trommeln in den Nächten
Erklangen an den Lagerfeuern
Der Naturreligiösen für
Zehntausende Jahre.

Walküren spüren,
Die Zeit ist da
Für die Kampfkraft
Des weiblichen Geschlechts.

In Indien strahlt
Das indische Heidentum
Wie ein gigantisches Juwel.

Die ersten Menschen
Australiens sind Träumgänger.
Sie wandeln auf der Grenze
Zwischen den Welten.

Verlass ihre Welt,
Also die Art, wie sie die Welt sehen.
Betrete die heidnische Welt
Und finde dich selbst.

Wüstenläufer
Wurden getragen
Von magischen Gaben.

Heiden wandern
Seit alter Zeit.
Wandern sie jetzt über
Den Horizont hinaus?

Opfer den Göttern
Dein endloses Streben
Nach dem Höchsten.

Die Kraft der Frau
Wurde einst verehrt.
Manche glauben gar
Das Urheidentum war matriarchalisch.

Die Götter lauschen deinem Kummer
Und deinen Sorgen, aber sie rufen dich
Auch auf, an das Göttliche in dir
Zu glauben und zu kämpfen für dein Recht.

Alle Götter wurden
Für einen Manngott verboten
Und Krieg entflammte
In größerem Maß als je zuvor.

Ist hart dein Leben,
Dann öffne dein Herz
Für die Liebe der Göttin.

Tanz wilder
Als jemals zuvor,
Denn tanzen ist heidnisch.

Freie Hexen
In einer Welt
Mental versklavter Menschen.

Junge Recken,
Die sich danach strecken,
Den Göttern zu gefallen.

Hunderttausend Jahre
Heidentum liegen hinter uns.
Die nächsten Hunderttausend
Werden kommen!

Unser alter Bund
Treibt uns zur Größe,
Denn wir tun es
Nicht nur für uns.

Der erste Schnee
Und der ferne Klee.
Die Natur kreist,
Wie wir von Kind zum Greis.

Spirituell zu leben,
Heißt sich zu öffnen
Für die magischen Wege.

Wahre Macht
Ist Natur.
Wahre Kraft
Kommt aus der Natur.

Komm ins Haus der Heiden,
Lass dich spirituell weihen
Und in ein besseres Leben leiten.

Der Drache ist ein
Spirituelles Wesen, welches du
In deinem Herz erwecken kannst,
Um stärker zu werden.

Ein Schiff voller Nordmänner
Sticht in See, um zu
Einer Legende zu werden.

Der Kampf der Heiden
Ist seit dem Paganozid
Zu einem Kampf ums
Nackte Überleben geworden.

Nirgendwo gibt es so viel
Zu sehen und so viel Spaß
Wie im Heidentum.

Heiden lieben sich
Frei und hemmungslos.
Sie geben sich ganz hin.

Wilde Tiere.
Magischer Sud.
Kampferprobte Berserker.

Glaube lieber an die Magie
Als an die dummen Lehren
Der Buchreligionen.

Runen und Sigillen
Sind magische Tore
Für jene, die das Mysterium suchen.

Der Gehörnte Gott
Tanzt wild mit
Den magischen Weibern
Seit ältester Zeit.

Ein Kessel. Viele Kräuter.
Symbole von Phallus und Vagina
Wie Kelch und Zauberstab.

Im Norden strahlen die Schneefelder.
Im Süden glänzen die Wüsten.
In allen Teilen der Welt spielen
Die Naturgeister.

Dort wo die
Körperliche Liebe frei ist,
Reift das Heidentum.

Es gibt keinen Fehler
Im System. Das Heidentum
Macht alles schön.

Sie beleidigen uns Heiden.
Sie bekämpfen uns Heiden,
Aber wir werden noch sein,
Wenn sie längst zu Staub zerfallen.

Hex Hex mit einem Klecks
Und einem kunterbunten Besen
Tanzend um den Einhornkessel.

Krumme Nase, halbe Arme
Und nur ein Auge. Nichts davon
Sagt etwas über den Wert eines Menschen.
Nur der Heldenmut zählt!

Dort am fernsten Ort
Wartet die Wahrheit
Der grenzenlosen Göttlichkeit.

Langsam begreift die Welt,
Dass die Zeit des Paganozids beendet ist
Und überall erheben sich die Heiden
Und zeigen erneut, wie toll sie sind.

Die Natur
Formt unsere Natur
Seit Ur.

Ein verzweifelter Blick
Zum Himmel, der unhörbar die
Frage in sich trägt,
Ob sie wirklich da sind.

Tanz im Kreis
Zum Trommelschlag ohne Ende
Und du wirst Eingang
Ins Mysterium finden.

Sieh und fühle dich.
Begreife, dass alles was du bist,
Ein Geschenk der Götter
Und Göttinnen ist, deshalb liebe dich.

Durch die Heiden streifen
Und spüren, was das wahre Wesen
Von Mutter Natur ist.

Ganz still und leise
Lass dich ein auf die Magie
Und die Welt natürlicher Wunder.

Sie zweifeln, weil sie entfremdet
Von der Natur und
Ihren Wurzeln sind.

Ein Rudel Wölfe
Gleicht dem Volk
Der Heiden.

Schwerter, Kugeln, Laser und AI;
Heiden laufen nicht weg:
Sie bewähren sich im Kampf.

Folgt dem Ruf der Winde.
Erkennt die Zeichen in den Wolken.
Lernt vom Klang der Bäume.
Wachst im Angesicht des Feuers.

Die Zukunft ruft
Die Heidenvölker an,
Sich erneut nach
Dem Höchsten zu strecken.

Tu es im Namen der Götter.
Tu es im Namen deiner Familie.
Tu es im Namen des Schicksals.
Tu es! Tu es! Tu es!

Tiefe Magie offenbart
Die Wege zu einem Verständnis der Welt,
Wie es der Uneingeweihte für
Unmöglich hält.

Kinder der Heiden reifen
Zu Männern und Frauen,
Die begreifen, was ihre
Wahre Pflicht ist.

Zu glauben, was das Schicksal
Dir schenkt, ist manchmal das Schwerste,
Da wir nicht an uns selbst glauben.

In der Trance
Ruft der Schamane
Die Geister der Tiere
Und verschmilzt mit ihnen.

Das große Mysterium
Öffnet seine Pforten
Und lädt die Suchenden ein.

Falls du ein vereinsamter Städter bist,
Dann erwartet dich im Heidentum
Eine bessere Welt.

Der Schnee lässt das
Land glänzen.
Kleine Schneeböen und kalter Frost
Künden die Raunächte an.

Es bleiben die Kinder
Der Heiden der größte Schatz
Der Heiden.

Eine Windböe
Wirbelt den Schnee auf
Und für einen Moment wirkt
Es wie ein lebendiger Geist.

Eine Göttin
Sendet dir Zeichen,
Damit sie dein Herz erweichen
Für bessere Zeiten.

Wenn Angst
Religiös macht,
Dann macht
Frieden spirituell.

Der Tag des goldenen
Sonnenaufgangs ist da.
Es ist nichts anderes als das Symbol
Für die Wiedergeburt des Heidentums.

In den Flüssen, den Bergen,
In den See und den Wäldern
Kleben die Erinnerungen
Unserer Altvorderen.

Kinder der Erde.
Altes Erbe.
Bürde.

Generationen schworen
Niemals aufzugeben,
Damit wir heute leben.
Das ist der Heidenbund.

Alte Welt. Neue Wege.
Das Schicksal ruft.
Wer hört zu?

Der Grüne Mann
Ist die verkörperte Macht
Der personifizierten Natur.

Dunkle Tage. Tausend Jahre
Vegetierten die Heiden im Untergrund.
Jetzt ist das neue Äon da und
Die neue Chance auf die Weltspitze naht.

Irminsul gefällt
Und erst gerächt,
Wenn Karls Gebeine
Für immer vernichtet sind.

Berserker und Walküren.
Unbekannte Krieger
Und schwertschwingende Weiber.

Heidländer erblühen
Im neuen Glanz.
Guter Mutterboden lässt
Die Früchte der Heiden reifen.

Vereine dich
In magischer Trance
Mit deiner Schutzgottheit.

Von Herkules über Odysseus
Bis zu Herrmann dem Germanen:
Die Heidenwelt ist voller Helden.

Du wirst fallen,
Weil jede:r Große fallen muss.
Glaube an die Götter und Göttinnen und
Nutze deinen Glaube, um wieder aufzustehen!

Vergiss die Welt der Bürger und
Buchgläubigen. Zehntausend Jahre vor
Ihnen wandelten Heiden auf Erden und
Sie werden noch in Zehntausenden wandeln.

Kleine Kinder
Sehnen sich nach
Den Wundern der Magie.

Höhere Sphären warten
Auf die wahren Adepten
Mit goldenen Herzen.

Grün sind die Heiden.
Grün die Farbe der Naturreligiösen.
Es blüht in den Heiden.

Die Weisheit Odins.
Die Liebe Freyas.
Die Kraft Thors.

In den Urwäldern der Erde
Leben naturreligiöse Völker
Und stellen sich den
Mördern der Wälder.

Adler und Raben
Waren die Augen
Alter Schamanen.

Dunkle Zeiten
Werden nicht weichen,
Aber dein heidnischer
Mut wird reifen.

Höre die alten Geschichten
Der Ilias und der Edda
Und fühle, was die Alten fühlten.

Wage in den Sturm
Zu segeln im Namen der Götter.
Wage in die Dunkelheit zu fliegen
Im Glauben an die Göttinnen.

Alte Mächte erwachen
Und die Karten der Welt
Werden neu gemischt.

Junge Mädchen
Tanzen mit dem gehörnten,
Unsichtbaren Wesen.

Die Buchgläubigen fürchten
Sich vor den Heiden, denn sie
Wissen, ihnen ist das Recht des Ersten.

Geboren, um die Wunder
Der Natur zu entdecken
Und um Abenteuer zu starten.

Die Kleider freier Hexen
Strahlen bunt, aber dort
Wo Magie verboten ist,
Tragen sie schwarz.

Ein Baum ist mehr,
Als Städter denken.
Denn es gibt Sphären, in denen
Die Bäume selbstbewusst leben.

Freie Frauen
Machten das Heidentum groß
Und es starb, als die Frauen
Degradiert wurden.

Die Rune Jera
Bedeutet Karma:
Was verdienst du dir?

Fürchte nicht den Tod.
Denn nach dem Tod geht es weiter.
Fürchte nur den Ruf, den du dir in
Diesem Leben verdienst:
Denn er begleitet dich!

Glaubt: Wesen, die über den
Menschlichen Tod hinausgehen,
Sehen, führen und bewerten euch.

Lebt mit jedem Atemzug
Den heidnischen Weg.
Lebt heidnisch bis
Zum letzten Augenblick.

Findet Frieden in euch,
Indem ihr dem Naturreligiösen
Alle euer Vertrauen gebt.

Der Tod ist unausweichlich.
Doch Heiden fühlen,
Es wartet eine nächste Welt.

Geburt und Tod
Sind die Grenzen dieser Welt.
Walhalla und Helheim.
Hades und Olymp.

Freiheit ist der
Wahre heidnische Geist.
Nur wo Freiheit weilt,
Werden Heiden verweilen.

Am Ende aller Zeit
Werden drei Nornen
Ihres hohen Amtes walten.

Sieh deiner Sterblichkeit ins Gesicht,
Aber fürchte dich nicht.
Nicht der Tod soll dir Angst machen,
Sondern der Weg danach dich kümmern.

Nur die Natur.
Nur die pure Natur.
Nur du.

Kleine Kinderseelen
Werden von den Höheren erwählt,
Große Taten zu vollführen.

Den Geist der Tiere
Erweckt der Schamane.
Er verbindet sich mit ihnen
Und stärkt seine Kraft.

Vögel ziehen
Und Menschen wandern.
Alles folgt seiner Natur;
Das ist Spiritualität.

Verbunden
In Familien, Stämmen und Völkern
Gedeiht das Heidenvolk.

Wenn du ganz leise wirst,
Kannst du die Magie hören.
Wenn du ganz still sitzt,
Kannst du die Wunder erleben.

Kinder träumen
Von Hexen und Magiern.
Kinder reifen zu erwachsenen
Wicca und Schamanen.

Morgen für Morgen
Klopft der Tod ein bisschen lauter.
Hast du genug spirituelle Kräfte gesammelt
Für das Leben in der nächsten Welt?

Lebt in einer tristen, grauen Welt
Aus Bürokratie und Geld.
Oder betretet eine Welt,
In der die Magie lebendig ist.

Glaube wieder,
Dass alte Triebe
Aus Urzeiten
Dich leiten.

Naturkinder
Kennen die Härten der Welt.
Deswegen wissen sie, wie es geht,
Wirklich glücklich zu leben.

Pfade in diesem Leben,
Die dich die Welt des Todes
Sehen lassen und die dir zeigen
Die Weiten der anderen Seite.

Bist du sie leid die materielle Welt
Und du sehnst dich nach etwas,
Das dir mehr Tiefe und Freude bietet;
Dann ist die Heidenwelt dein Weg.

Über den Autor

Nichts,
Niemals,
Nirgendwo,
Aber durch den Urknall prädestiniert!